AF360318

OBSERVATIONS

SUR LA

TRAGÉDIE ROMANTIQUE.

Paris , de l'Imprimerie de A. Bobée,
rue de la Tabletterie , n° 9.

OBSERVATIONS

SUR

LA TRAGÉDIE ROMANTIQUE,

PAR P. LAMI.

LUES A L'ATHÉNÉE ROYAL DE PARIS, LE 16 AVRIL 1824.

A PARIS,

CHEZ PONTHIEU, LIBRAIRE, AU PALAIS-ROYAL,
GALERIE DE BOIS.

—

1824.

OBSERVATIONS

SUR LA

TRAGÉDIE ROMANTIQUE.

Depuis dix ans, quelques Français et beaucoup d'étrangers ont entrepris d'abolir parmi nous un système dramatique où, s'il faut les en croire, il ne reste aux auteurs rien à inventer; aux spectateurs, aucune émotion nouvelle à recevoir. « A quoi bon, disent-ils aux premiers, vous traîner sur les traces de Corneille? S'il est vrai que Racine l'ait surpassé, aucun de ceux qui sont venus après l'un et l'autre, n'a jamais pu les atteindre. Puisque vous aspirez encore à la gloire, changez de route; méprisez des règles surannées qui contrarient la nature, qui offensent la raison : élancez-vous dans la carrière que Shakespeare et Schiller, Otway et Goëthe ont illustrée, sans la fermer. Voilà vraiment des hommes de génie : ils n'imitent pas les Grecs, ils ne copient pas les Espagnols; ils n'ont de maître que la vérité. Savez-vous pourquoi vous ne sentez pas ce qu'ils valent? c'est de peur d'en être humiliés. Votre vanité seule entretient vos préjugés littéraires, comme toutes vos autres préventions. Entendez enfin les applaudissemens de l'Europe, qui proclament la supériorité des poëtes du Nord. Il ne sied point à des vaincus de se donner pour des modèles. Ayez du goût comme des Anglais, de l'esprit comme des Allemands; c'est le seul moyen qui vous reste de cueillir encore des couronnes. Et vous, spectateurs routiniers, vous est-il donc impossible de comprendre qu'un héros peut plaisanter quelquefois et parler autrement qu'en vers alexandrins, qu'une action se développe bien mieux en six mois qu'en vingt-quatre heures, et que le tableau d'un supplice est plus attendrissant que le récit qu'on vient vous en faire? »

Depuis dix ans qu'on nous répète ces leçons, nous n'en profitons guère. Chez nous, auteurs et spectateurs s'obstinent à préférer la littérature nationale à celle de la sainte alliance; et tel est encore leur respect pour les lois d'Aristote qu'ils ne veulent pas se départir des trois unités, ni même essayer d'une tragédie en prose. Ils savent par cœur Racine, Corneille et Voltaire, ils accourent au théâtre pour y retrouver éternellement les mêmes jouissances; et cependant, déjà si restreint par le bon plaisir des comédiens, le répertoire l'est bien plus encore par une autre autorité. Toute pièce ancienne ou moderne où quelque allusion s'entrevoit, est exposée à rester bannie du théâtre. C'est évidemment l'intérêt public qui exige ces réticences ; et nous comprenons

(7)

bien, qu'on a dû, par égard pour quiconque n'est pas français, empêcher Inès de dire à son époux :

Contre les *étrangers* ton père nous défend. (1)

Mais si les saines doctrines politiques doivent ajouter tant d'entraves à celles qu'impose Aristote, comment désormais faire une tragédie?

Comment, dira-t-on? en reproduisant sur la scène une passion à jamais féconde en situations tragiques, et toujours sûre d'exciter les émotions les plus vives. Il est vrai que Racine et Voltaire lui-même doivent à l'amour leurs plus sublimes compositions; mais Voltaire et l'auteur de Britannicus ont senti quelquefois le besoin d'un autre ressort; et s'il est permis de le dire, les spectateurs du dix-neuvième siècle compatiraient aux douleurs d'un citoyen, bien autant qu'à celles d'une amante; s'ils gémissent sur Ariane abandonnée, Coligni massacré ne leur arracherait pas moins de larmes. Qui peut en douter? si l'imprudent public composait le répertoire, il y placerait Tibère, Fénélon, Charles IX, Clovis, Charles VI, Julien dans les Gaules; il voudrait puiser dans l'histoire nationale de grandes leçons de morale et de politique. Non, certes! ce n'est point Aristote qui prohibe des plaisirs si purs, une instruction en apparence si nécessaire. Introduisez

(1) **Voyez Pierre de Portugal, de M. Lucien Arnault. On a rayé dans la même tragédie cet autre vers :**

Il faut gagner les cœurs et non pas les contraindre.

parmi nous la tragédie romantique, en lui prescrivant la même prudence : notre théâtre, sans rien acquérir, deviendra grotesque en pure perte.

Qu'y a-t-il donc dans toute cette controverse? c'est que les *étrangers* sont aussi envieux de la gloire éminente de notre littérature, qu'ils l'ont été de celle de nos armes; et qu'il leur conviendrait de nous importer ou imposer Shakespeare et Schiller, pour qu'il ne soit plus parlé enfin de Voltaire, Racine, Molière et Corneille.

Il se pourrait néanmoins, que des Français, dans l'espoir de rendre à la tragédie un caractère philosophique, fussent tentés de la faire irrégulière, en se flattant d'obtenir pour le genre romantique, en faveur de sa nouveauté, des permissions, ou, comme on dit, des licences que le classique a perdues. Mais il est trop aisé de prévoir quel serait le résultat de cette expérience. Permis à vous, leur dirait-on, de contrevenir aux trois unités; la haute censure ne s'en mêle point; mais prenez-y garde, n'outragez que le bon goût, n'offensez que la raison; romantiques ou classiques, évitez sur toute chose, les allusions directement ou indirectement inconvenantes; et que la féodalité, la ligue et les *étrangers*,

Dans vos plus grands excès vous soient toujours sacrés.

Reste à savoir aussi comment les spectateurs s'accommoderaient de ce nouveau système; car enfin les révolutions littéraires et même politiques ne s'accomplissent parfaitement en France, que lorsqu'elles sont ou secondées ou tolérées par la multitude; et les étrangers même ne réussissent pas toujours à les consommer. Aussi voyons-nous qu'après nous avoir tant reproché d'être mobiles dans nos goûts, dans nos habitudes, dans nos affections, ils nous accusent au contraire d'opiniâtreté dans nos idées littéraires. Ils conçoivent bien comment la cour de Louis XIV applaudissait Racine qui travaillait pour elle et qui la copiait quelquefois : mais que des tragédies composées pour nos *arrières grands-pères* nous attirent encore, voilà ce qu'ils ne sauraient comprendre, en vérité.

Il y a cependant bien plus long-temps encore qu'ils écoutent et qu'ils admirent Shakespeare, ceux qui s'étonnent de la constance de notre goût pour Racine. Ils nous refuseraient volontiers le droit dont ils usent, et ne consentiraient point à dire qu'après tout chaque peuple a des sentimens qui lui sont propres, sa manière de concevoir le beau et de reconnaître la nature. Le beau, le grand, le vrai, la nature, sont des dieux partout révérés; c'est le culte qui diffère. La question est de savoir s'il peut rester quelque beauté, quelque grandeur à ce qui est ignoble; si ce qui n'est pas vraisemblable est assez vrai, et si la nature veut être imitée sous tous les aspects qu'elle peut offrir, si elle est bonne à prendre sur tous les faits qui lui adviennent; en un mot, si l'art qui la sait imiter n'est pas distinct du métier qui la copie.

Ce n'est pas que nous n'ayons admis sur notre

scène Othello, Hamlet et Marie Stuart ; mais Ducis et M. Lebrun les avaient décemment costumés, avaient ennobli leur langage, donné de la mesure et de la vraisemblance à leurs actions et à leurs folies mêmes. Dans leur état plus naturel, c'est-à-dire plus ressemblant, personne en France n'eût été curieux de les voir.

A Londres, Othello, quand sa jalousie est portée au dernier excès, s'approche du lit où Desdémona s'est couchée, la regarde avec un tendre regret, l'embrasse, l'envisage encore, et lui donne de nouveaux baisers. Il faut bien qu'elle s'éveille, elle reconnaît son époux, lui tend les bras, et lui dit naturellement *will you come to bed, mylord ?* Voilà, nous en devons convenir, ce qu'on n'oserait ni représenter ni traduire devant des Français, et ce qui fait pourtant fondre en larmes les habitués de Covent-Garden. Vous les verriez pénétrés de douleur, saisis d'une terreur profonde, à ces naïves paroles adressées par la plus fidèle amante à son assassin. Ducis s'est bien gardé d'emprunter ce trait à Skakespeare, et n'en a pas excité moins d'intérêt pour Hédelmone ; il a fait pleurer sur elle des spectateurs plus délicats.

Chez les Allemands, un Mortimer est si passionnément épris de Marie Stuart qu'il la presse de profiter du dernier quart-d'heure qui reste, avant qu'elle monte à l'échaffaud. Ceci est fort au-delà de Shakespeare ; c'est un immense progrès du romantique, et M. Lebrun a été effrayé d'une telle nature. Il n'a pas même eu la hardiesse de reproduire ce petit dialogue entre Marie et sa nourrice Hanna. — Vos mains, dit celle-ci, ne sont point criminelles. — *Marie :* Ah! je prévoyais le coup fatal et je ne l'ai pas détourné : j'ai moi-même attiré mon époux dans le piége de la mort. — Et la bonne nourrice répond : vous étiez si jeune alors! Exécrables paroles, qu'on applaudit en Germanie. A cela Pascal dirait : Trois degrés d'élévation du pôle renversent toute la morale; un méridien décide de la vérité; beauté au-delà du Rhin, horreur en-deçà. Mais franchement, nous dirions plutôt : comparez Hanna à Œnone, et jugez de la distance entre Jodelle et Racine; seulement ici c'est Jodelle qui vient cent ans après que Racine a paru.

Nous avons donc, les faits le prouvent, une autre manière de sentir, un goût plus difficile, plus superbe, puisque nos antagonistes ne veulent pas qu'on dise plus exercé et plus sûr. C'est le *quid deceat, quid non,* du classique Horace qui nous a pervertis. Les étrangers mêmes contribuaient à nous égarer, car en fin il fut un tems où ils faisaient aux chefs-d'œuvre de notre théâtre l'honneur de les imiter. Mais la tâche a paru difficile, on s'en est lassé, l'on a mieux aimé se déclarer maîtres et modèles. Schiller est venu enfin, et l'Europe a eu un théâtre.

La France elle-même en possède un depuis près d'un demi-siècle. En effet, s'il reste encore chez nous des spectacles pour les classes qui se disent éclairées et cultivées, il en est aussi pour celles qui se sont moins éloignées de la pure nature. Vous prétendez que les premiers offrent des situations touchantes, de grands caractères, des scènes pathétiques, où pour nous enchanter et nous instruire, tout est mis en usage, l'élégance et l'énergie du style, la profondeur et la clarté des idées, la vivacité des images, la sublimité des sentimens, la nature enfin habilement imitée dans tout ce qu'elle a de vrai et de noble à la fois; voilà le mal : mais nous avons aussi des farces tragi-comiques que nous appelons mélodrames; là, rien ne nous manquera bientôt des meilleures pratiques, fables compliquées, personnages gigantesques, préceptes moraux d'un aussi fort poids que les bons mots et les jeux d'esprit qui s'y entremêlent. Il faut voir comme un auditoire choisi sait applaudir à toutes ces beautés naturelles. Si nous avons jamais le bonheur de réunir nos deux genres de spectacle en un seul, nous serons aussi avancés qu'en Angleterre.

A Covent-Garden, à Drury-Lane, les *gentlemen* ne se séparent point du *common people*. Les rangs n'y sont pas confondus pourtant; les grandes notabilités occupent les loges; les marchands, le parterre, et les communs remplissent les galeries. Mais ces communs qui sont partout les plus nombreux, et conséquemment les plus forts quand ils veulent l'être, se prévalent de cet avantage dans les théâtres de la Grande-Bretagne; ils y règnent sur les acteurs et même sur les plus nobles et les plus honorables spectateurs. En un mot le pouvoir du *para-*

dise dans les théâtres de Londres est égal à celui qu'exerce notre parterre, ou qu'il exerçait librement jadis. Or, c'est surtout à cette multitude anglaise que l'art dramatique doit le maintien des bonnes et naturelles traditions théâtrales : car n'ayez peur qu'elle tolère des productions qui dépasseraient la portée de son intelligence, des beautés dont elle ne se sentirait pas immédiatement frappée. Elle entend qu'on écrive et qu'on joue, qu'on pense, qu'on déclame et qu'on meure à sa guise. Malheur au personnage, qui tué sur la scène, ne sera pas mort comme elle prescrit d'expirer : à l'instant elle fera pleuvoir sur lui tant de pommes et de monnaies de cuivre qu'on aura quelquefois lieu de craindre qu'il ne s'en suive un plus véritable trépas. Mais il faut entendre les éclats de rire à chaque allusion indécente, à chaque plaisanterie triviale, comme il en reste un si bon nombre encore dans les tragédies de Shakespeare après qu'on en a tant effacé. Il faut voir comme une marche triomphale ravit l'assemblée, comme un combat la captive; comme un ballet, un niais, un assassin l'enchante. Si par bonheur la scène se couvre de morts, l'enthousiasme et l'allégresse n'ont plus de borne. Et puis, qu'Horace vienne dire :

Nec pueros coram populo Medea trucidet.

Hâtons-nous pourtant de le confesser : il se rencontre par fois, en Angleterre, des spectateurs qui détournent les yeux, quand Regane et le duc de

Cornouailles arrachent ceux de Gloster, et les écrasent sous leurs pieds; des spectateurs qui n'assistent qu'avec dégoût aux scènes empruntées de New-gate ou de notre place de Grève, et qui se laissent émouvoir par une tragédie sans qu'elle extermine neuf personnages. Que d'Anglais déjà disent avec Blair, « que Shakespeare est un génie sauvage, qui manque d'un goût pur et qui est privé à la fois des secours du savoir et de l'art (1) »; avec Johnson, « qu'occupé de plaire bien plus que d'instruire, Shakespeare semble écrire sans aucun but moral (2). » Non, il n'est pas tout à fait vrai que ce qui charme le peuple de Londres, satisfasse autant les *gentlemen* lettrés; et même il arrive, quand le plaisir est commun, qu'il se rattache à des affections très-diverses. Les sorcières de Macbeth attirent l'attention des uns par leur affreux costume, par leurs sacrifices, par leurs contorsions qu'on appelle danse, et n'intéressent les autres que par leur prédiction terrible. Tel est du moins le sentiment des rédacteurs de la revue d'Édimbourg, qui déclarent que ces sorcières barbues sont grotesques, ridicules, intolérables (3). Ce qu'il y a de plus difficile à expliquer, c'est la bonne

(1) Blair. Lectures ou Rhetoric. L. XLVI.

(2) Voyez la préface des œuvres de Shakespeare publiées par Johnson. On y trouve ce jugement plus sévère encore que celui de Blair. « Shakespeare, malgré toutes ses qualités, a cependant de nombreux défauts, et des défauts qui suffisent pour effacer tout autre mérite. »

(3) V. Edinburgh Review, february 1816.

contenance des dames anglaises aux pièces du grand
poëte. On se demande comment ces graves ladyes
qui dans les entretiens vulgaires s'offensent de tout
propos léger, du plus innocent badinage, qui dans
un musée baissent leurs chastes regards devant l'A-
pollon du Belvédère, s'accommodent pourtant des licences de Shakespeare et prêtent une oreille atten-
tive à ses plaisanteries, plus souvent obscènes qu'ingénieuses.

Quoiqu'il en soit, distinguons en Angleterre,
comme en France, divers ordres de spectateurs, qui
viennent chercher au théâtre différentes espèces de
jouissances. Mais comme ils sont à Londres toujours
réunis en une même enceinte, les plus nombreux et
les plus robustes, qui ne sont nulle part les plus
éclairés, imposent leurs opinions ou leurs sentimens
à l'assemblée entière et c'est leur goût qui triomphe.
Ce goût, immuable depuis deux siècles, avait do-
miné Shakespeare lui-même et tyrannisé son génie.
Pour acquérir le droit de dessiner d'admirables caractères, de composer d'immortels monologues, de
hasarder des scènes sublimes, des situations et des
catastrophes véritablement tragiques, il a fallu qu'il
consentît à les entremêler d'inepties populaires. Lo-
pez de Véga a payé le même impôt en Espagne; et
les Parisiens n'entendaient pas trop en exempter
Molière. Mais ce grand homme, le plus habile des
poëtes dramatiques de tous les pays et de tous les
siècles, avait autant d'esprit que de génie : un goût
sûr, un art profond dirigeait son talent flexible : il

a su , sans qu'on y prît garde, se dégrever lui-même, et payer son tribut en une monnaie bien plus pure que celle qu'on voulait exiger de lui. Non-seulement il reléguait ses farces hors de ses chefs-d'œuvre, mais il ennoblissait les farces mêmes, leur imprimait un caractère classique, et y faisait reconnaître encore, quoi qu'en ait dit Boileau, l'auteur du Misanthrope (1).

Peut-être est-il fâcheux pour la Grande-Bretagne, que le génie de Shakespeare ait brillé sitôt sur elle ; car ce poète semble avoir fixé pour toujours les bornes de la tragédie anglaise, lui avoir légué les beautés et plus libéralement les défauts dont elle est orgueilleuse. Les premiers fondateurs de notre scène

(1) Toutes les éditions de Boileau portent :

> Dans ce sac ridicule où Scapin *s'*enveloppe ,
> Je ne reconnais plus l'auteur du Misanthrope,

et Brossette n'a pas manqué d'observer que « ce n'est pas Scapin qui s'enveloppe dans un sac : c'est le *vieux* Géronte à qui Scapin persuade de s'y envelopper. » Peut-être n'est-ce qu'une faute d'impression, qui laissée par Boileau lui-même dans la première édition de l'Art poétique, a passé dans toutes les autres. Ne devrait-on pas lire *l'*enveloppe? en effet Molière jouait les rôles à manteau, il remplissait celui du Malade imaginaire peu d'heures avant sa mort , et il y avait long-temps que Boileau lui reprochait de se donner ainsi en spectacle, et surtout de venir *livrer son dos aux coups de bâton.* Les deux vers de l'Art poétique seraient donc moins offensans pour Molière, et plus dignes de l'exactitude de Boileau si on lisait :

> Dans ce sac ridicule où Scapin *l'*enveloppe
> Je ne reconnais plus l'auteur du Misanthrope.

ont été bien grossiers aussi; heureusement pour nous, le génie leur a manqué; et n'étant pas restés modèles, ils n'ont recommandé aucun de leurs travers, consacré aucune de leurs routines (1) Félicitons-nous de ce que nos vieux mystères, ni les tragédies de Jodelle, même de Mairet et de Rotrou, n'ont rien offert de comparable aux conceptions originales du poëte anglais. Ces productions, aussi ternes qu'informes, ont retardé parmi nous l'époque du bon goût : elles ne l'ont point empêché d'éclore enfin, et de se former. Corneille est venu, et le Cid a ouvert avec éclat un long et glorieux âge, où après Racine et Voltaire, Ducis, Chénier et leurs successeurs ont brillé et brillent encore. Par leurs chefs-d'œuvre, par l'influence de ceux de Molière sur un genre si voisin du sien, et par les immortelles leçons de Boileau, la tragédie française est devenue classique, c'est-à-dire régulière et terrible, correcte et pathétique, vraie et sublime; d'autant plus admirable, qu'elle unit la grace à la force, la bienséance à l'audace, la raison enfin, puisqu'il faut le dire, à la poésie.

On a coutume de distinguer dans l'histoire d'un art, son enfance, sa maturité, sa décrépitude. La tragédie sans doute a eu chez nous son enfance, qui

(1) Plusieurs ont surpassé en fécondité les plus intarissables dramaturges étrangers. Alexandre Hardy a composé à lui seul plus de 600 pièces de théâtre : et un Jean de Hays fit représenter en 1578 une tragédie en *sept actes*, intitulée Comma.

même a été extrêmement longue, mais dont les essais, plongés dans l'oubli qu'ils méritaient, n'ont
rien conservé qui nous séduise et nous égare. Il y a
bientôt deux siècles que la maturité dure; et s'il était
vrai qu'à force d'entraves, on la pût rendre moins
productive, il n'y aurait encore aucune conséquence
à tirer de l'interruption ou de l'infréquence de ses
triomphes. La captivité n'est pas la vieillesse, et s'il
est triste d'être dans les fers, il serait bien plus dé-
solant de retomber dans l'enfance; ce n'est qu'à la
décrépitude qu'il ne reste plus de remède ni d'espoir; et il y aurait du délire à l'accepter avant le
temps, parce qu'elle s'annoncerait sous le nom mys-
térieux de romantique.

Certes! il n'est rien de plus classique que d'inventer, lorsqu'on en retrouve la puissance, et que d'imiter au besoin ce qui mériterait d'être inventé; que
d'emprunter même, s'il le faut, ce qu'on peut em-
bellir en le dérobant. S'il reste en Angleterre,
en Germanie, quelques richesses dont notre théâtre
ne se soit pas encore emparé, quel précepte d'Aristote ou de Boileau nous défend de les lui rendre
propres? Virgile n'a pas négligé le fumier d'En-
nius : profitons de Schiller et encore plus de Shakespeare, mais avec discernement et avec art, en les
dépouillant sans les reproduire. Corneille et Racine
n'ont pas transcrit même les Grecs ; on s'abuse en
supposant une imitation si servile: c'est un point qui
vient d'être éclairci mieux que jamais par M. An-

drieux (1). Mettre en œuvre n'est pas copier. Nos grands poètes empruntent un sujet pour le mieux disposer ; des scènes, pour les lier plus étroitement; des détails ou des expressions, pour les inventer dans notre langue. La fable qu'ils imitent devient plus vraie entre leurs mains, l'action plus forte, les ressorts se multiplient ou acquièrent plus de puissance. Chez eux, un principal personnage ne se fera pas attendre, comme dans Eschyle ou dans Sophocle, jusqu'à la dernière scène du drame, et n'apparaîtra pas seulement, pour tuer ou être tué. Diane, Minerve ou Hercule ne descendront pas du ciel tout exprès pour dénouer la tragédie : une fille dont on égorge la mère, ne s'écriera pas : *Frappez, redoublez, s'il est possible.* S'ils admettent quelquefois des chœurs, ce ne sera pas pour entendre des récits, pour ralentir l'action, ou en remplir les vides par de vaines complaintes. Phèdre n'avouera qu'à sa nourrice son incestueux amour ; Iphigénie ne divulguera plus les secrets de son frère, et n'aura pas besoin de recommander le silence à tout un chœur de femmes. Il n'est resté de tant d'artifices grecs, que ces écouteurs inactifs dont le nom seul trahit l'inconvenance : encore Chénier et d'autres modernes ont-ils supprimé ces froids personnages dont nos romantiques voisins, qui nous les reprochent, ne savent pas toujours se passer.

(1) **Voyez la Revue** encyclopédique, janvier, février, mars et avril 1824.

Les étrangers ne se récrient avec persévérance que contre les trois unités et contre la noblesse constante du langage des héros. C'est en effet en observant religieusement ces régles antiques, et en joignant aux graces qui en dérivent, plus d'habileté dans la composition dramatique et dans la peinture des passions, que Racine et Voltaire ont assuré la prééminence du théâtre français. Quand on nous dit que resserrer une action dans un même lieu et dans l'espace étroit de vingt-quatre heures, c'est imposer au poète une loi bien sévère ; nous en demeurons d'accord. Mais que nous importe que son travail ait été pénible ou facile ? il s'agit de nos plaisirs, non de la plus grande commodité de celui qui aspire à nous les donner ; et ces plaisirs sont fondés sur une illusion qu'il doit craindre d'affaiblir, et dont il ne restera rien du tout, s'il prétend nous transporter à sa guise sur tous les points du globe, ou nous faire vivre, ainsi que ses personnages, plusieurs mois ou plusieurs années en deux ou trois heures. Notre imagination ne sera pas si complaisante et n'obéira point au sifflet du machiniste. Ces transfigurations appartiennent à un tout autre genre de spectacle. Il n'est pas dans mes conditions de faire des voyages si rapides. En vain vous me promettez de vives jouissances, si je consens à vous suivre ; tant que vous me faites illusion, je consens à tout ; mais je vous échappe dès que vous ne me trompez plus. Il ne saurait exister entre vous et moi d'autres conventions que celles qui tiennent à la nature même de l'art que vous prétendez exercer. Changez d'art, faites un roman ; je souffrirai bien volontiers que vos héros voyagent ou vieillissent, parce que je lirai un récit, et que je n'assisterai point à une tragédie représentée, ou plutôt accomplie devant moi.

Chez nous, il arrive quelquefois encore qu'un personnage, en se présentant sur la scène, commence par décliner son nom; plus souvent, il nous explique pourquoi il entre, pourquoi il sort. Je le voudrais plus libre en ses démarches, plus à l'aise en son propre logis. Toutes les fois que je puis croire que le roi des rois, Agamemnon, s'adresse à moi-même, et qu'il ne dit telle chose qu'afin de m'en informer, en me faisant tant d'honneur, il me fait moins d'illusion, et bientôt je ne verrai plus en lui qu'un acteur, s'il ne se hâte de redevenir un héros. Mais certes, c'est bien pis à Londres, quand la scène reste vide, quand les personnages la désertent par la seule raison que le poète n'a plus de paroles à leur souffler, quand ils s'échappent par l'une de ces deux portes de l'avant-scène qui ne disparaissent jamais, pas même en avant d'une rase campagne.

Est-il vrai qu'en prenant une action dès son origine, pour la suivre de point en point dans tout son cours, on se dispense d'en exposer une partie en des scènes préliminaires souvent froides et traînantes ? Mais d'abord si la pièce s'ouvre par un entretien de César et d'Antoine, ou par une séance du sénat romain, c'est l'action même qui commence dès la première scène : voilà l'exposition pleinement classique, elle ne prépare l'intérêt qu'en l'établissant déjà ; elle nous plonge dans l'illusion dramatique sans nous laisser le temps de nous en défendre. Où sont au contraire les expositions les plus longues et les plus pénibles ? précisément dans le genre romantique. Celle du Walstein de Schiller est une pièce de deux mille vers, interminable enfilade de digressions, où le poëte s'amuse à nous peindre l'indiscipline et les mœurs licencieuses de la soldatesque du dix-septième siècle, ou, comme on dit, du grand siècle. Ces scènes incohérentes se jouent à part, ainsi qu'une seconde partie et une troisième. La seconde, intitulée les Piccolomini, offre le développement du sujet, les nœuds de l'action ; et la dernière appelée mort de Walstein, est le dénouement des précédentes. Est-ce un seul drame en trois pièces, ou trois pièces en un drame ? ou bien faut-il affirmer, avec les romantiques, que c'est une Trilogie à la manière des Grecs ? c'est ainsi, disent-ils, que l'Agamemnon, les Choéphores, et les Euménides d'Eschyle composent ensemble une grande tragédie des *Atrides*. Non, répondrai-je, dans Eschyle, ce ne sont pas trois parties, ce sont trois pièces qui se succèdent, mais qui demeurent distinctes, chacune ayant son exposition, sa fable, son dénouement. Jamais les Grecs n'auraient supporté une action qui n'aurait point eu d'exposition, ni un dénouement qu'aucun nœud n'aurait exigé. Cette invention appartient à Schiller ; car Shakespeare lui-même, en puisant dans l'histoire de Henri VI, la matière de trois tragédies consécutives, n'a jamais conçu l'idée de les confondre en une seule. Sur notre scène comique, le Barbier de Séville, le Mariage de Figaro, et la Mère coupable offrent aussi l'exemple d'une trilogie, et n'en sont pas moins trois pièces tout à fait distinctes. Le dénouement de la première n'est point ajourné à la seconde, ou à la troisième; et celle-ci se suffit à elle-même, sans qu'on ait besoin pour la comprendre, d'avoir vu les deux précédentes. Les admirateurs de Schiller, en rappelant ici l'ancien mot de Trilogie, le prennent à contresens. Ce mot, dans son origine, ne tient qu'à l'usage qui s'était établi en Grèce, d'obliger les concurrens au prix de la tragédie, de présenter à la fois, chacun trois ouvrages. Plus tard on en exigea quatre, y compris une farce ou satire, et cela s'appela Tétralogie. Eschyle, Shakespeare et Beaumarchais ont fait des trilogies : Schiller n'a bâti qu'un bisarre et ruineux édifice à trois étages.

Une autre invention, non moins malheureuse du poëte allemand, est celle des chœurs qui ne chantent pas comme dans Racine, mais qui parlent. Il a tenté cet essai dans *la Fiancée de Messine* avec assez peu de succès, à ce qu'il semble, malgré les progrès du bon goût romantique en Allemagne. C'est bien dommage qu'on ne puisse pas nous prôner ce tintamare de quinze voix proférant les mêmes paroles sur des tons divers, avec plus ou moins de rapidité. C'était un admirable secret pour imiter de près la nature, et pour éviter la monotonie.

Venons pourtant au principal reproche que nous adressent les partisans de la tragédie romantique, c'est que la nôtre ne représente pas l'histoire avec assez de vérité ; mais sur ce point écoutons d'abord Johnson : « Shakespeare, dit-il, n'avait aucun » égard à la distinction des temps et des lieux ; il » attribue sans scrupule à un âge, à un person- » nage, les opinions, les mœurs, les institutions » d'un autre pays et d'une autre époque, aux dé- » pens non-seulement de la vraisemblance, mais de » la possibilité. » A ce jugement si formel et si pré- cis, on répondra qu'au moins, dans Shakespeare, et encore plus dans Schiller, les faits matériels sont littéralement extraits des chroniques ; que Mézerai n'est pas plus exact, qu'il ne l'est même pas toujours autant. Ceci peut nous aider à comprendre enfin en quoi consiste la différence du classique et du roman- tique.

On avait dit aux auteurs dramatiques :

> Conservez à chacun son propre caractère....
> Des siècles, des pays étudiez les mœurs ;

mais en leur prescrivant sur ce point la plus rigide exactitude, on leur avait laissé, en ce qui concerne les circonstances des événemens, une assez grande liberté. On avait reconnu qu'aucun fait ne se pré- sente dans l'histoire, tel en tous ses détails, que la scène tragique le réclame. On leur avait donc per- mis, ordonné même d'arranger ce qui précède la catastrophe, de manière à produire l'illusion la plus complète, l'émotion la plus vive. On leur demandait un tableau, non pas une chronique. En un mot on leur promettait de les trouver assez fidèles, s'ils peignaient les héros tels qu'ils ont été, quand même ils ne retraceraient pas bien scrupuleusement ce qu'ils ont fait. Voilà la poétique classique, la romantique en est le contre-pied : elle ne permet de négliger que les mœurs, elle exige la vérité et le complet du matériel. C'est là, je crois, l'état de la question entre Voltaire et Schiller, s'il peut y avoir en effet une question entre ces deux hommes.

Schiller a pourtant essayé, non de cacher les nudités de l'histoire, mais d'orner quelquefois ses attraits. Il a conduit Élisabeth auprès de sa captive Marie Stuart, quoique les relations du temps s'accordent à dire qu'il n'y eut jamais à Fotheringay ni ailleurs d'entrevue entre les deux princesses. Et ceux qui pardonnent, qui préconisent cette licence comme un trait de génie, reprochent à l'auteur de Charles IX de faire bénir les poignards de la Saint-Barthélemy par le cardinal de Lorraine qui, alors, ne les aiguisait et ne les dirigeait que de Rome ! Ah ! laissons aux poètes le droit d'oser tout ce qui doit nous émouvoir et nous instruire, de trouver dans leur imagination, dans leur génie, ce qui achèvera l'histoire par une parfaite représentation des mœurs. Un poëme épique, et à plus forte raison une tragédie, n'est pas un livre d'histoire : il s'agit de recueillir dans les annales ce qui est dramatique, et de rendre tel ce qui ne l'est pas de soi-même. L'unique donnée est la catastrophe, et les spectateurs ont droit de la redemander telle qu'elle est dans leurs souvenirs : puisque le poète l'a choisie, c'est qu'il l'a jugée immédiatement tragique. Il faudra donc que Jeanne d'Arc soit brûlée après que les Anglais l'auront prise, que l'amiral Coligny tombe sous le fer des assassins, quand Médicis et les Guise l'auront ordonné : le poète a pu disposer de presque tous les faits antérieurs.

Peut-être même si l'événement ne retentit pas avec autant d'éclat dans l'histoire, sera-t-il permis d'en modifier le dénouement. Schiller lui-même paraît l'avoir pensé, puisque, chez lui, Fiesque est précipité dans la mer par des mains républicaines, et ne se noie pas fortuitement comme dans les annales de Gênes. De savoir si cette modification est heureuse, c'est une autre question que je n'examine pas ; il me suffit de montrer que le système romantique laisse encore tant de liberté aux poètes. Disons plus, une tragédie est assez historique quand elle peint à grands traits les véritables mœurs d'un peuple et d'un siècle. Zaïre n'a été fournie à Voltaire par aucune chronique : quelques noms à peine ont passé de l'histoire dans cet immortel ouvrage. Les faits, l'action, le dénouement sont créés par le poète ; mais en effet ce sont bien là, quoi qu'on ait voulu dire, les Musulmans et les croisés du temps de saint Louis ; ce sont réellement leurs idées, leurs affections, leurs habitudes, leurs caractères ; et cette tragédie exis-

tait en quelque sorte toute entière dans l'atmos-
phère historique ; voilà pourquoi elle est si pleine
d'intérêt et d'instruction : à beaucoup d'égards,
on en peut dire autant d'Alzire. Goëthe aussi, car
le genre romantique n'a point encore de théorie
constante, Goëthe, dans son Gœtz de Berlichingen,
a essayé de retracer presque aussi vaguement l'image
de la chevalerie du seizième siècle et de quelques-
uns des désordres qui régnaient alors en Allemagne ;
mais il y a mêlé des détails ignobles qui, pour être
vrais, n'en sont pas plus tragiques, et ne convien-
draient guère qu'à la comédie. La confusion de
toutes les espèces de drames est l'un des caractères
de l'enfance ou de la vieillesse prématurée de l'art.

Nos auteurs français deviennent romantiques, lorsqu'aux dépens de la vérité des mœurs, ils nous font
les siècles passés à l'image et à la ressemblance du
nôtre. Le public le veut ainsi, nous disent-ils ; mau-
vaise excuse, même quand elle est réelle, et bien
plus quand elle ne l'est pas. Or il est certain, comme
l'avait si bien prévu Voltaire, que le tableau des
mœurs anciennes ou étrangères, s'il est à la fois
noble et fidèle, loin de choquer le parterre français,
excitera plus vivement son attention. C'est même un
genre d'effet dont la tragédie a peut-être besoin ; il
n'appartient qu'à la comédie de se rapprocher si fort
de nos allures actuelles. A l'égard des faits positifs,
ils ne sont plus tragiques dès qu'ils manquent de
noblesse. Il se peut bien qu'Adélaïde de Walldorf
ait été entraînée au-delà de toutes les bienséances

par son amour pour un de ses vassaux (1), et que des soldats allemands aient quitté leurs rangs pour aller chercher des serviettes chaudes (2); mais il y a d'autres moyens de nous peindre les déréglemens des princesses allemandes du seizième siècle, et la poltronnerie des miliciens du même pays et de la même époque. Nous ne souffrons tant de vérité sur aucun de nos théâtres, pas même dans nos mélo-drames.

Il est difficile d'expliquer comment, avec un goût si décidé pour la plus fidèle représentation des hommes et de la nature, les spectateurs romantiques accueillent néanmoins tous les rêves de l'imagina-tion, pourvu qu'ils soient extrêmement bisarres et n'aient aucune teinte classique. Tandis qu'ils dédai-gnent cette mythologie grecque, qui ouvre l'histoire et se confond presque avec elle, ces brillantes con-ceptions de l'antiquité qui charment l'esprit sans l'abuser, ces ingénieuses fictions qui enveloppent une instruction profonde; il leur faut des nécromans, des sorciers, des fées, des diables, tous les monstres nés de l'ignorance et sortis des ténèbres du moyen âge. Jadis des peuples grossiers ont été dupes de ces vains prestiges, je le sais, et j'en conclus que l'on pourra bien me montrer sur la scène des personnages imbus de ces traditions et de ces frayeurs : mais qu'il faille que ces spectres m'apparaissent à moi-même,

(1) Gœtz de Berlichingen, Acte **IV**, édition de **A. Bobée**, T. **III**, page 167.

(2) *Ibid.* Acte **III**, T. **III**, Page 116.

je n'en conçois ni la nécessité ni la convenance. Trop hideux pour me plaire, ils sont aussi trop ridicules pour m'étonner ; et puisque je n'en puis recevoir aucune sorte d'illusion, me les offrir n'est plus un art, ce n'est qu'un enfantillage. Par hasard resterait-il dans l'esprit des spectateurs romantiques assez de traces de ces superstitions surannées, pour que le drame diabolique de *Faust* et ceux qui lui ressemblent, produisent encore de véritables émotions? Du moins Shakespeare sait quelquefois imprimer à ces êtres surnaturels un heureux caractère : son Ariel a je ne sais quoi d'aérien dans ses discours comme dans sa démarche ; et ce qui révèle surtout sa céleste origine, c'est qu'il est empressé à soulager les souffrances ; c'est un ange de bien ; au lieu que les autres démons de la Grande-Bretagne et de la Germanie, ne servent que le crime, n'encouragent que le vice; leur présence dans une tragédie lui donne presque toujours un vernis d'indécence et d'immoralité. Je crois donc que nous avons fait sagement de bâtir l'Opéra pour les génies et pour les diables ; là, qu'ils soient aussi extravagans qu'ils voudront l'être, pourvu qu'ils nous amusent par leurs roulades ou leurs pirouettes. Ils seront impunément absurdes, s'ils sont d'excellens danseurs. C'est la cour de la féerie ; qu'elle s'y étale et s'y pavane, *illâ se jactet in aulâ*, mais qu'elle ne reparaisse jamais sur le théâtre consacré à l'art tragique.

Qu'Oreste baigné du sang de sa mère tremble à l'aspect des furies vengeresses dont il se croit entouré; que Macbeth et Richard III poursuivis par leurs remords pensent l'être par leurs victimes, cet égarement de leurs esprits est la punition de leurs crimes; et la nature même a créé de tels supplices pour les coupables échappés à la justice humaine. Leur délire appartient à la vraie tragédie, mais l'apparition des furies, des spectres et des ombres, à nos propres yeux, n'est que l'Opéra. Si dans la solitude et les ténèbres, l'assassin reconnaît, entend celui que sa main a frappé, partagerai-je son illusion, moi qui ne suis que le témoin et non le complice de son forfait? Quoi! l'on veut que l'ombre de Banquo m'apparaisse au festin de Macbeth, qu'invisible à tous les convives, elle frappe immédiatement mes regards, comme ceux de Macbeth lui-même! Pourquoi donc aurai-je aussi perdu ma raison? pourquoi mes sens seraient-ils égarés comme les siens? et pourquoi d'ailleurs ne pas m'avoir averti que sur le théâtre, personne, excepté Macbeth, n'aperçoit cette ombre? car je m'y méprends toujours; et de plus, il y a si peu de différence entre elle et le Banquo que vous m'avez montré vivant, que j'hésite d'abord à dire si c'est elle ou lui qui se met à table. Il est à la vérité tombé sous un fer ennemi; mais que sais-je? vous l'avez rendu à la vie peut-être : de votre part un ressuscité ne m'étonnerait pas plus qu'un revenant; et comme je me persuade que les hôtes de Macbeth sont, ainsi que moi, doués de la faculté de voir, je ne puis vous dire combien il me faut de réflexions avant de comprendre pourquoi, dans votre sagesse, vous donnez à mes regards plus de puissance, ou plus d'égarement qu'aux leurs. Quant à Richard III, il dort, et la royale famille que ses attentats ont exterminée, l'environne ; il n'y a là personne qui prétende ne pas la voir, et c'est une invraisemblance de moins : toujours est-il bien dur à des spectateurs raisonnables d'être ainsi condamnés à voir face à face dix personnes depuis long-temps enterrées, et à les entendre haranguer tour à tour, et fort verbeusement, leur assassin ; car ces ombres-là ne sont point laconiques, et il faut que le coupable roi de la Grande-Bretagne ait le sommeil bien profond pour que leurs invectives ne le réveillent point. Je sais que Voltaire a daigné employer de pareils prestiges, et je serais tenté de croire qu'il eût mieux fait de n'en avoir pas besoin. Si l'épopée admet des apparitions, c'est qu'elle raconte et ne représente point : les conditions d'un spectacle sont incomparablement plus rigoureuses que celles d'un récit.

L'un des derniers progrès des auteurs romantiques a été de dresser l'échafaud ou la potence sur le théâtre; c'est la perfection du genre. Mais quels sont donc, je vous prie, vos spectateurs, s'il leur faut des combats de gladiateurs, des victimes humaines livrées aux bêtes féroces, et des bourreaux enfin pour derniers personnages de vos poëmes? Hélas! la multitude en tout pays, n'a déjà que trop de goût pour le spectacle des supplices qui, vrais ou imaginaires, devraient inspirer presque autant d'horreur que les crimes.

Après tout, je crains bien que tant de supplices, de combats, de ballets et de machines ne soient les indices de la pauvreté du fond romantique. Ne réprouvons pourtant pas la pompe théâtrale, quand elle est une des conceptions du poète, ou l'un des développemens naturels de son sujet. Ce bal, où Henri VIII accable de son amour l'une de ses futures victimes, et celui où Roméo et Juliette conçoivent l'un pour l'autre les tendres sentimens qui les conduiront ensemble au tombeau, sont des inventions éminemment tragiques qu'on ne peut plus imiter, mais qui honorent le génie de Shakespeare. Une fête qui sert de prélude à une catastrophe en accroît l'effet dramatique, et ce contraste dispose les spectateurs à une mélancolie plus douce, à une terreur plus pénétrante. Mais enfin ce n'est pas tout que de faire danser, dormir, rêver et périr des personnages ; il faut encore leur donner des mœurs, un caractère, des passions, et nous devons avouer que Shakespeare y réussit fort souvent. S'il veut peindre une ame dépravée, il ose en exposer à nos yeux jusqu'à l'ignoble enveloppe ; et, sauf quelques adoucissemens, son Richard III vient de se produire, difforme et terrible, infâme et non ridicule, sur notre théâtre même. Parmi les diverses manières de poser la question entre le classique et le romantique, il en est une qui n'appartenait qu'au génie, c'était de faire *Agamemnon* et *Jane Shore*. Je demanderai seulement si, en passant de l'un de ces genres à l'autre, on ne transporte pas dans le plus hardi quelques-unes des beautés du plus sage, et si ce n'est pas toujours à quelque empreinte classique, qu'une tragédie sémi-romantique doit ses hasardeux succès. Je suis fort tenté de penser que l'art classique est seul capable d'ennoblir des difformités naturelles : l'impéritie romantique les environnerait de tant d'autres inconvenances, qu'elle parviendrait à peine à leur imprimer de la dignité dans un petit nombre de scènes ou de situations accidentelles.

Il est vrai cependant que l'égarement du roi Lear et celui d'Ophélie ne sont encore des hardiesses sublimes que dans le romantique Shakespeare, et que Ducis ne les a classiquement imitées qu'en se résignant à les affaiblir. Qu'en faut-il conclure? que des conceptions si audacieuses ne s'empruntent pas, et qu'il n'appartient de les exprimer parfaitement qu'à celui qui les invente. La Démence de Charles VI, que la censure a bannie du théâtre, y serait une imitation plus originale et plus vraie par cela même, de ces délires tragiques. Ce qu'il faut admirer dans le poète anglais, c'est qu'il a su peindre l'amour aussi fortement que la déraison; les confondre, pour ainsi dire, en une même folie, en un seul malheur, et porter, par ce hardi mélange, le pathétique à son comble. Chimène intéresse par l'inutilité de ses efforts sublimes pour haïr l'assassin de son père; mais Ophélie, livrée toute entière à sa passion par sa démence; Ophélie, qui adore de toute son ame Hamlet teint du sang de Claudius, ne nous ravit pas seulement, elle nous plonge dans ses propres douleurs et dans son délire même. Par quel art ce Shakespeare, ce génie si âpre et si terrible, parvient-il à trouver les plus gracieuses, les plus délicates expressions de l'amour? Racine même n'est pas plus tendre, et n'obtient la palme que par la sagesse des plans, l'harmonie et la constante perfection du style. Il a fallu aux classiques comme aux romantiques une longue expérience pour reconnaître que l'amour, dès qu'on l'admet sur la scène, doit l'envahir toute entière, et subordonner tous les intérêts aux siens; qu'il ne souffre autour de lui l'ambition et la politique que pour les employer à le servir. Qu'est-ce auprès de lui que les intrigues de cour, que la fortune des princes, que les malheurs du monde? Emporté dans ses désirs, violent dans ses projets, implacable dans ses haines, il régit tous les sentimens du cœur qu'il possède, en occupe tous les replis et n'y laisse aucun vide. Sur la scène, il faut qu'il domine tout ce qui l'environne; s'il n'est que poli, prudent, timide, ce ne sera plus l'amour tragique. Ce véritable et terrible amour est celui de Roxane, près de laquelle on n'aperçoit plus Bajazet; celui d'Hermione devant qui disparaissent Pyrrhus, Oreste et ses furies elles-mêmes.

Les passions politiques que l'histoire nous montre si énergiques chez les anciens, si dégradées et si perfides au moyen âge, si actives et si profondes dans les temps modernes, sont le principal ressort de plusieurs pièces romantiques. La tyrannie revêt tant de formes, et l'ambition s'engage en des routes si diverses, que les poètes classiques, quel que soit le nombre de leurs heureux essais ou même de leurs chefs-d'œuvre en ce genre, ne l'ont point, à beaucoup près, épuisé. Ce n'est pas tout à fait sans fondement qu'on reproche aux tragiques français de n'exposer que les résultats matériels d'une conspiration, d'une révolution; de n'en point laisser voir les causes; de ne pas pénétrer assez avant dans le secret des intrigues qui préparent ces grands mouvemens; d'être avares enfin de ces détails où réside souvent, en une telle matière, le plus vif et le plus intime intérêt. Ce n'en est pas moins un travers plus inexcusable, de ne rien omettre et de ne rien voiler; d'amener devant nous des filles de joie pour découvrir des complots, de nous introduire en un mauvais lieu, où un ambassadeur, dans l'ivresse des plus honteux plaisirs, trahira les secrets du roi son maître. Rien d'indécent n'est dramatique; et quand nos voisins nous offrent de pareils exemples, l'unique progrès que nous ayons à faire est d'en sentir de plus en plus l'inconvenance et l'ignoble difformité.

La pure vérité, nous crie-t-on, la pure et simple nature! et peu s'en faut qu'on ne nous demande pour plus de fidélité, que chaque personnage parle sur la scène, son langage le plus familier et jusqu'à l'idiome de son pays, bien que pourtant les Grecs, les Romains, les Français s'expriment encore en anglais sur les théâtres de Londres, en allemand sur ceux de Vienne et de Berlin. Le progrès n'est pas complet, la perfection n'est pas atteinte, et l'on

ne fait qu'approcher par degrés de la pureté su-
prême. Pourquoi tant de timidité? Plaute a bien fait
parler un Carthaginois en langue punique devant
des spectateurs de Rome. Si vous n'osez suivre un
si bel exemple, c'est que vous sentez qu'il y a des
conventions dans les beaux-arts et qu'elles forment
une partie essentielle de la théorie des grands artis-
tes. L'une de ces conventions est qu'une tragédie
soit écrite, non-seulement dans la langue des spectateurs, mais aussi en vers et en très beaux vers.
Est-ce, ainsi qu'on l'a prétendu, est-ce uniquement
afin que le poète ait le mérite d'avoir vaincu des
difficultés? point du tout : on ne lui tiendra compte
d'un travail si pénible, qu'autant qu'il aura satisfait
à bien d'autres lois. On exige des vers, parce que
c'est le langage de la poésie, ou plutôt même celui
des passions portées au degré d'enthousiasme que la
tragédie suppose, exaltées par les situations critiques
et fortes où elle les place, et qui excluent également
la platitude et l'emphase.

Ni Shakespeare ni surtout Schiller ne se sont
prescrit des règles si rigoureuses. Dans l'entretien
de Fotheringay, il échappe aux deux reines des traits
si naturels et des phrases si purement familières,
que nos dames de la halle s'en accommoderaient
ou même les dédaigneraient aujourd'hui. Sans éten-
dre jusque-là le vocabulaire de la tragédie, il serait
possible de l'agrandir. On sait quels mots Racine a
su ennoblir, et que sous sa plume savante, l'expression la plus propre et la plus simple demeure la plus

tragique. Il se garde bien surtout de recourir aux
périphrases : il eût dit crûment un espion, plutôt

Qu'un mortel dont l'Etat solde la vigilance ; (1)

et nommé peut-être la *poule au pot*, s'il n'y avait
eu moyen de s'en abstenir qu'en écrivant :

> Je veux enfin qu'au jour marqué pour le repos
> L'hôte laborieux des modestes hameaux,
> Sur sa table moins humble ait, par ma bienfaisance,
> Quelques-uns de ces mets réservés à l'aisance. (2)

Ces tournures pénibles font mieux remarquer l'objet
ignoble ou vulgaire qu'elles prétendent voiler ; et le
ridicule sous-entendu devient plus sensible. Mais
Racine eût encore plus évité les expressions exta-
tiques et mystérieuses qui remplissent, dans les drames allemands, les vides du dialogue, les exclama-
tions prophétiques plus obscures que l'avenir même
qu'elles concernent ; les descriptions indéterminées
d'abymes profonds, de forêts solitaires, de flots mu-
gissans, de torrens impétueux, vaines syllabes, qui
frappent l'oreille et n'apprennent rien à l'esprit.
Transporter ainsi le vague de la musique dans la
tragédie, voilà bien un des caractères du romantique. Mais quand le roi Lear intéresse les cieux à sa
cause et les supplie de le venger, s'ils sont vieux
comme lui (3), ou bien quand Marie Stuart s'écrie :

(1) Othello, tragédie de Ducis, Acte V, Scène dernière.
(2) V. Henri IV, tragédie de Legouvé.
(3) . . . . . if your selves are old,
  Make it your cause : send down and take my part.
    (King Lear , A. II.)

Vois-tu cet horison qui se prolonge immense ?
C'est là qu'est mon pays, là l'Ecosse commence ;
Ces nuages errans qui traversent le ciel,
Peut-être hier ont vu mon palais paternel (1) :

voilà, quels que soient le sujet, les formes et les autres détails de l'ouvrage, voilà du classique; car ce sont là des élans de l'ame encore plus que des images brillantes. Une simplicité si sublime, et une mélancolie si douce, arrachent des larmes de tous les yeux et captivent l'admiration.

Après un si rapide coup-d'œil, pourrons-nous assigner les différences qui séparent les deux genres? D'une part, l'enfance de l'art; de l'autre, la maturité du génie : ici, des spectateurs incultes, amateurs de prestiges et disposés aux émotions fortes; là, des juges difficiles, accoutumés à des plaisirs délicats, qu'il faut séduire et non pas corrompre, entraîner et non éblouir : chez les premiers, point de spectacle sans machine; chez les seconds, point de drame sans illusion. Où les uns ne veulent que de l'éclat, les autres exigent de la vraisemblance. Au gré de ceux-ci, il n'y a de naturel que ce qui est vrai, noble et décent; aux yeux de ceux-là, que ce qui est capricieux et vulgaire. On réclame d'un côté la vérité des faits matériels, de l'autre celle des mœurs et des caractères. L'imitation est ici une simple copie, là un tableau original : selon les uns, il n'y a pas de théorie entre la nature et l'art; selon les

(1) V. Marie Stuart, tragédie de M. Lebrun, Acte III, Scène première.

autres, l'art n'existe que par le goût, profond système d'études attentives, de conditions rigoureuses
et de conventions raisonnables. Tout reste vague sur
le théâtre romantique ; tout sur le classique tend à
une précision sévère (1). Enfin le style du premier ad-
mettra tour à tour l'emphase de la poésie et les fami-
liarités de la prose ; celui du second, soumis à des

(1) Après qu'on a vu se reproduire en Allemagne, en Ecosse, en
France, les doctrines et la philosophie *transcendentale* des platoniciens
d'Alexandrie, on ne doit pas s'étonner de l'altération des théories littéraires. En littérature comme en philosophie, il n'y a que deux routes
ouvertes à l'esprit humain, celle de l'observation et celle de l'extase.
Si la première *nous a conduits*, comme l'assure M. Cuvier (Biographie
univ., art. Aristote), *à tout ce que nous savons de réel touchant la
nature physique et morale*, c'est à elle aussi que nous devons, dans
tous les genres d'écrire et dans tous les arts, les chefs-d'œuvre anciens
et modernes que nous appelons classiques. Mais on se fatigue enfin de
ces méthodes lentes et timides, de ce long enchaînement d'observations
attentives et d'analyses délicates. On trouve bien plus aisé de deviner
que d'étudier, de prêcher que d'éclairer, et d'éblouir que d'émouvoir.
En renonçant à la méthode philosophique d'Aristote, on a dû abjurer
en même temps ses principes de littérature.

Le genre *romantique* est si vague de sa nature, que nous ne savons
pas même quelle est la signification précise du nom qu'il porte. Personne encore ne nous a expliqué ni l'origine ni la valeur du mot *roman-
tisme* ou *romanticisme* : car il paraît qu'on nous *laisse le choix des
deux* : autrefois on ne disait ni l'un ni l'autre ; de tels mots n'étaient
pas français. M. de Stendhall, l'auteur qui écrit avec le plus d'esprit et de grâce en faveur du genre romantique, ne nous apprend
point d'où il vient, ni en quoi il consiste. M. Schlegel ne s'arrête pas
non plus à nous offrir cette instruction, occupé qu'il est de faire le
procès à Racine et à Voltaire ; madame de Staël nous enseigne au
moins qu'il y a deux littératures, celle du nord et celle du midi ; la
première créée par le génie d'Odin, d'Ossian, des Scaldes et des
Bardes ; la seconde qui ne saurait offrir d'autres chefs-d'œuvre que
ceux d'Homère, de Virgile, des Italiens du seizième siècle, et des
Français du dix-septième. Tout en reconnaissant l'énorme distance qui
sépare ces deux littératures, nous ne trouvons encore là rien qui nous
fasse comprendre pourquoi la première s'appelle *romantique*. Nous en-
tendons bien ce que veut dire le mot *romanesque* ; il s'applique à des

lois austères, restera toujours poétique, sans jamais cesser d'être l'expression la plus naturelle et par conséquent la plus élégante des pensées et des senti-mens de chaque personnage.

Ne disons donc pas que le moment est venu d'adopter une doctrine plus commode et plus fé-conde, et de cesser enfin de cultiver un genre épuisé par tant de productions célèbres. Quoi! lors-que Phidias, chez les Grecs, eut atteint la perfec-tion de son art, conseilla-t-on à ses successeurs de ne pas suivre un si désespérant modèle, et d'imiter l'informe sculpture des Egyptiens? Quand Raphael eut pris le premier rang parmi les peintres, le Cor-rège, pour ne pas étudier les fresques du Vatican, alla-t-il chercher des modèles sur les gothiques vitraux des églises? Non, si la route des beaux-arts est tracée, leur carrière n'en est pas moins indéfinie; et les succès y provoquent, y enfantent des succès nouveaux; il n'y a de limité que le mauvais goût, et c'est lui seul qui peut éteindre la postérité des chefs-d'œuvre.

histoires fabuleuses du genre de celles qu'on écrivait, au moyen âge, dans les jargons appelés *Romans*, ou romains rustiques, grossières altérations de la langue latine, informes ébauches des langues mo-dernes. Mais, à ce qu'il semble, le *romantique* n'est à confondre ni avec le *romanesque*, ni avec la littérature *romane*. Qu'est-il donc enfin, et d'où a-t-il pris le nom qui le désigne? y a-t-il dans ce nom du *romain* ou de *l'antique*, et comment se fait-il que la réunion de ces syllabes équivaille à septentrional, à sentimental, à *transcen-dental?* voilà ce que je voudrais bien savoir, étant persuadé que toute expression vague correspond à quelque erreur, à quelque illusion pernicieuse.

FIN.